Lk 12
S71

LETTRE

D'UN COLON

DE SAINT-DOMINGUE

A

UN JOURNALISTE FRANÇAIS,

OU

RÉPONSE

AUX PROVOCATIONS ANTI-COLONIALES DE QUELQUES FOLLICULAIRES ANGLAIS, ET AUTRES.

La défense est de droit naturel.

Maxime extraite de la morale de tous les peuples, et gravée au fond de tous les cœurs.

Par M. BERQUIN, (de Saint-Domingue).

PARIS,

Chez { C. L. F. PANCKOUCKE, rue et hôtel Serpente, n°. 16; Et tous les Marchands de nouveautés.

———

1814 (Octobre).

DE L'IMPRIMERIE DE C. L. F. PANCKOUCKE.

LETTRE

D'UN COLON

DE SAINT-DOMINGUE

A

UN JOURNALISTE FRANÇAIS.

Paris, le 3 octobre, 1814.

Monsieur,

Puisque diverses feuilles publiques se sont, depuis quelque temps, empressées, ici, d'accueillir, avec une apparente complaisance, et de propager, inconsidérément peut-être (au sujet de l'état présent de Saint-Domingue), des nouvelles, sinon apocryphes, au moins dénuées de réalité et même de vraisemblance, et dont la source étrangère suffit, je ne dirai pas, seulement, pour les rendre suspectes, mais pour les discréditer sans réserve auprès de tout lecteur réfléchi, qu'il soit permis, dans ces circonstances, aux personnes intéressées à ce qui concerne cette importante possession française, aux colons de Saint-Domingue, de repousser, par la même voie, et *une fois pour toutes*, ces attaques astucieusement combinées au sein d'une nation voisine, et, de temps immémorial, jalouse, à l'excès, de tout ce qui peut contribuer à la prospérité de la France. J'ose donc espérer, monsieur, que vous voudrez bien insérer, le plutôt possible, cette lettre dans votre Journal.

Je dis que les nouvelles en question, toutes extraites des Feuilles anglaises, et, notamment, celles que renferme la prétendue correspondance d'un comte de Limonade avec le sieur PELTIER (journaliste, il ne faut pas dire Français, mais né en France, établi à Londres, et qui paraît être en relation intime avec les agens du fameux CHRISTOPHE), et d'autres encore, de même nature, qui se trouvent consignées dans une lettre soi-disant datée du Port-au-Prince, le 1er. août dernier, sans signature et sans indication de celui qui l'a écrite, sont absolument fausses, en leur contenu, et qu'il faut être on ne peut plus ignare dans tout ce qui a rapport à Saint-Domingue, et, à bien dire, archi-Européen sur ce point-là, pour ne point saisir, au premier coup-d'œil, la machination visible et l'invraisemblance caractérisée de ces plates et insignifiantes rapsodies.

D'abord, s'il faut s'en rapporter à un tel fatras d'inepties inventées sans adresse et mal cousues ensemble, dans l'état où se trouve actuellement Saint-Domingue, une immense quantité de productions coloniales de tout genre sort incessamment des différens ports de la colonie; et soixante mille hommes, aguerris et bien armés, sont tout prêts à repousser, et par le fer et par le feu, toute agression étrangère. Ainsi donc, la reprise de possession qui serait faite, au nom de Sa Majesté, le roi de France, de la colonie française de Saint-Domingue, ne serait point un acte de légitime souveraineté de sa part, mais bien, d'agression injuste, et, pour trancher le mot, de franche usurpation, exercé, par ce grand monarque, sur une contrée indépendante. Quel insolent, ou, plutôt, quel pitoyable langage, et dans la bouche de qui! Ce sont, là, de ces choses qui révoltent le cœur; mais, du reste, ce sont, là, convenons-en, les produits naturels de ce bouleversement de toutes idées pures et saines, où nous avons été si long-temps plongés. Enfin, passons là-dessus, et ne nous arrêtons point à ces indignes et odieuses images.

Après avoir ainsi créé, d'un coup de plume, les fruits divers d'une florissante culture, de même qu'une nombreuse et formidable armée, on pose en fait que la population actuelle de la colonie est, en tout, de trois cent vingt mille individus. Une armée de soixante mille hommes, extraite d'une population totale de trois cents vingt mille ames, sans que la culture en souffre aucunement, et, au contraire, avec l'annonce positive d'une prodigieuse quantité de denrées coloniales qui sortent, sans interruption, des ports de cette colonie (par quelle voie, et par l'entremise de quel pavillon?) voilà, je l'avoue, un problème de statistique dont la solution me paraît balancer presque, en difficulté, celle du fameux problème mathématique de la quadrature du cercle.

Dans une pareille proportion, c'est, à peu de chose près, un militaire sur cinq individus de tout sexe et de tout âge. Et observez bien qu'il ne s'agit point, ici, de levée en masse, et que cette armée de soixante mille hommes est censée composée de façon que les bras nécessaires aux cultures coloniales, et dont le nombre et la vigueur ne sauraient y être remplacés par aucun autre supplément, ne leur sont nullement enlevés. Quel conte absurde! Quelle épaisse ignorance des premières notions d'ordre et d'économie politique! Un peuple qui voudrait entretenir, dans son sein, en activité réelle et soutenue, une force armée, du dixième, que dis-je? du vingtième de sa population totale, ne pourrait pas soutenir long-temps un semblable effort, sans courir à sa perte. Sous Louis XIV, la France, peuplée alors d'environ vingt-trois millions d'ames, eut, durant quelques années, une armée de cinq cent mille hommes, y compris des corps Suisses, Irlandais, etc.; c'était un militaire sur quarante-six individus. Ce même Etat, énormément agrandi depuis 1792 jusqu'à ces derniers temps, et exerçant, en outre, son influence militaire sur tout ce qui l'environnait, avec une population, directe et auxiliaire, d'environ quarante millions d'ames, eût aussi, pendant quelques années, près d'un million d'hommes sous les armes; c'était un militaire, au plus, sur quarante individus, en totalité. Et l'on n'ignore point combien, à ces deux époques fameuses de notre histoire, qui ont signalé, à peu près, les mêmes années des commencemens du dernier siècle et de celui-ci, fut rude le fardeau de cette levée et de cet entretien extraordinaires d'hommes armés, pour ce grand et puissant Etat, pour cette France, depuis si long-temps surnommée, à juste titre, *la pépinière des soldats*.

Et voilà qu'à Saint-Domingue, dont les cultures exigent un travail considérable et suivi, l'armée organisée et entretenue se compose d'un individu sur environ cinq, de tout sexe et de tout âge, et qu'avec cela, néanmoins, tout y va on ne peut mieux, sous le point de vue de l'agriculture, du commerce, et de toutes les autres parties de l'économie sociale. O comble d'absurdité! O pitoyables relations! O combien la France est le jouet de machinations odieuses autant que ridicules, en cette branche essentielle de ses intérêts généraux!

Voici, maintenant, ce que j'ai à dire sur la situation véritable de Saint-Domingue, en fait de sa population actuelle, d'individus *dépendans* et *affranchis*, comparée à celle dont elle était pourvue, à cet égard, dans l'état d'où cette colonie est tombée et où elle peut remonter encore, en peu d'années, avec la continuation de la paix maritime, et pourvu que le Gouvernement français le veuille fortement et s'en occupe de même. En 1790, époque de son plus haut période et de moyens et de grandeur, Saint-Domingue avait une population, *dépendante*, d'environ cinq cent mille individus, et *affranchie*, d'environ cinquante mille. Cette première population s'appuyait, en outre, sur un accroissement annuel de trente mille noirs qu'introduisait le commerce de la traite. Depuis 1793, cet accroissement n'y subsiste plus, par le fait de la cessation absolue de ce commerce. A compter du mois d'août 1791, une guerre acharnée, et, à peu près, continuelle, entre les blancs, les mulâtres et les noirs, et ensuite entre ces derniers, n'a presque jamais cessé de frapper, d'affaiblir cette population totale, avec une violence analogue à la façon dont cette guerre affreuse a toujours été pratiquée. Les maladies épidémiques, et la petite-vérole surtout, contre laquelle aucun préservatif salutaire n'a été mis en usage, dans cette colonie, durant un laps de temps aussi considérable, ont encore augmenté beaucoup, et dans une progression rapide, le déficit de la population. Enfin, une grande quantité de noirs et de gens de couleur, *dépendans* et *affranchis*, et notamment, des milliers d'enfans, ont été tirés du pays, soit de leur propre gré et en la compagnie de leurs maîtres et de leurs patrons, soit forcément et par la voie des nègres révoltés, eux-mêmes, qui ont entretenu, assez long-temps, avec leurs voisins, les Espagnols de la même île et des îles de Portoric et de Cube, un commerce absolument opposé à leurs prétentions de liberté générale ainsi qu'à leurs propres intérêts, dans le trafic qu'ils faisaient de cette foule d'enfans arrachés violemment, du sein de leurs mères désolées, par ces tigres une fois déchaînés. De sorte que, si la population *dépendante* est, maintenant, de deux cent mille individus, et celle dont se composent les *affranchis*, de vingt mille, c'est, là, on peut le dire, avec toute espèce de probabilité, le *maximum* et le *nec plus ultrà* de la population générale de cette colonie, au moment où j'écris ceci.

Or, il est indubitable qu'en accordant, à la classe des *affranchis*, la pleine jouissance des droits politiques (lesquels, d'une importance majeure et tirant à conséquence dans une république, ne se présentent pas sous le même aspect dans une monarchie), celle, au surplus, des droits civils leur ayant toujours été dévolue, à quelques restrictions près, et leur étant confirmée et attribuée désormais sans réserve, au lieu d'avoir, alors, contre nous, les vingt mille individus qui lui restent, nous les verrons, le plus grand nombre du moins, se ranger avec empressement de notre côté, dès qu'ils auront une connaissance positive de cette importante cession qui leur sera pleinement accordée par une proclamation authentique, donnée au nom de Sa Majesté, et par les nouvelles lois constitutionnelles adaptées au régime intérieur de la colonie.

En admettant que la classe essentiellement *dépendante*, et qui doit, de toute nécessité, continuer à l'être, composée actuellement de deux cent mille individus, de tout sexe et de tout âge, persiste dans son état de révolte et refuse absolument de se soumettre aux ordres et aux lois émanées de Sa Majesté, et dont son représentant immédiat, le Gouverneur-général de la colonie, sera l'organe, alors, et en ce cas, je demande quelle sera la force active que cette classe d'individus, ou, plutôt, que les Chefs ambitieux qui la tiennent asservie sous leur joug odieux et destructif, pourraient opposer à la promulgation des volontés, justes et fermes, du Souverain, à l'effet de perpétuer encore, s'il leur était possible, cet état de révolte, désormais incontestable, et qu'ils oseraient qualifier de système d'indépendance, système erroné qui ne serait, au fond, que le produit de l'ambition effrénée et de l'aveugle cupidité de ces mêmes Chefs égarés, en outre, par des suggestions perfides et dont le principe est suffisamment connu.

Que la dixième partie de la population totale soit consacrée, par eux, dans la supposition que je viens d'admettre, à former la masse de cette force active; et, certes, c'est, là, une supposition bien forte et hors de toute vraisemblance, mais que j'admets, seulement, pour mieux combattre nos antagonistes, qui, du reste, le sont aussi de la France. Eh bien, quel serait, en cette supposition purement gratuite de ma part, le complément de la force armée aux ordres des divers Chefs de la révolte, que je veux même, en outre, supposer, pareillement, réunis, de cœur et d'ame, contre le Gouvernement français, quoiqu'il soit bien certain qu'une division cruelle et invétérée subsiste entre eux et les déchire mutuellement ? Le voici ; vingt mille hommes armés et propres à un état de guerre, quoique, de même, tout nous démontre encore, et suffisamment, que cette force réelle, en sa totalité, ne doit pas être au-dessus de douze à quinze mille hommes effectifs. Mais, n'importe : admettons l'existence idéale de ces vingt mille hommes organisés pour l'état de guerre.

D'abord, je dois observer ici, comme un fait constant et hors de toute discussion, que ce sont, là, des individus absolument nuls pour les cultures coloniales, sous le régime uniquement propre à les faire fleurir. De cette vérité incontestable émane la mesure d'intérêt général que je vais proposer à leur sujet, et qui est, à tous égards, d'une considération majeure. Or, voici quelle est cette mesure, qui, d'ailleurs, a déjà été proposée par moi dans un Écrit publié depuis peu et relatif à la colonie de Saint-Domingue, et que je répète ici, parce que l'on ne saurait trop souvent et trop hautement émettre des idées que l'on croit essentielles à l'intérêt public. Que, par une proclamation particulière et qui concernera ces douze, quinze, ou vingt mille hommes constitués en corps d'armée, Sa Majesté les appelle et les admette dans sa ligne de bataille et au nombre de ses braves guerriers, conjointement avec leurs officiers et commandans conservés dans leurs grades respectifs, sous la promesse, sacrée de sa part, qu'ils seront tous libres, en vertu de leur engagement militaire à son service, et que les colons dont ils dépendaient, et auxquels ils seraient, désormais, inutiles, pour n'en pas dire davantage, recevront, s'ils l'exigent (eh! qui, d'entre eux, animé de l'esprit public et confondant son intérêt particulier avec l'intérêt général, pourrait l'exiger?), recevront, dis-je, en ce cas, une compensation convenable à cet égard, dans la cession, pleine et entière, que tous feront, à Sa Majesté, de leurs droits sur ces mêmes individus, par des actes authentiques et revêtus de toutes les formes légales. Cela étant ainsi, je vous proteste que cette seule mesure, d'une sage et habile politique, éteindra, presque tout-à-coup, le brandon enflammé de la révolte, et qu'il ne restera plus, trois mois après sa promulgation générale, dans les trois provinces de la colonie, que de faibles étincelles du terrible incendie qui, depuis si long-temps, dévore et consume cet infortuné pays.

Or, dans cette marche hypothétique des choses, il est bien entendu, suivant moi, que la première proclamation, concernant les droits civils et politiques des *affranchis*, coïncidera sagement avec la seconde, relative à l'enrôlement et à l'incorporation, dans l'armée de Sa Majesté, des forces, effectives, aux ordres des divers Chefs qui commandent à St.-Domingue, et dont les grades militaires et légitimes leur seront conservés pour prix d'une soumission prompte et complète de leur part aux lois de Sa Majesté, qui leur seront transférées par son Représentant, et qu'enfin une troisième proclamation, publiée en même temps que le seront les deux autres, et pareillement au nom du Roi, fixera déterminément le sort et l'état de la classe *dépendante* en cette colonie.

Oui, j'ose ici l'assurer avec une pleine confiance, l'Expédition destinée pour Saint-Domingue, ne pourra qu'avoir un succès rapide et décisif, au cas qu'elle soit entreprise et dirigée avec de tels principes, et sous la conduite d'un Chef habile, actif, expérimenté, connaissant foncièrement et les hommes et les lieux, possédant pleinement la confiance de la majorité des colons et de ses frères d'armes, sous les ordres, enfin, d'un homme tel que M. le Baron DESFOURNEAUX, Lieutenant-général des armées de Sa Majesté, &c., que recommandent expressément à la confiance du monarque, et par conséquent, à celle de la nation, dix années, presque consécutives, d'exercice, soit militaire, soit administratif, de sa part, et à Saint-Domingue, et à la Guadeloupe, une fortune indépendante, une santé vigoureuse et soutenue par la force de l'âge, ainsi qu'un tempérament fait, par une longue résidence, au climat des Antilles (considération essentielle pour l'objet important dont il s'agit ici), des blessures honorables et qui attestent suffisamment les services de ce brave officier, son élévation successive, dans la carrière des armes, du grade le plus simple à celui qui touche immédiatement au rang le plus distingué dans cette noble carrière, une activité soutenue, une fermeté de caractère modérée, en lui, par des inclinations douces et humaines, un désintéressement rare, et, plus que tout le reste encore, un dévouement total à la personne de son auguste souverain, un attachement sans bornes à sa patrie, et le désir le plus ardent, le plus fortement prononcé, le plus susceptible de réalité, même, avec son cœur, ses talens et ses vues, d'assurer promptement la restauration complète de Saint-Domingue et le bonheur de ses habitans.

Un seul trait, une seule action mémorable de cet intrépide et loyal militaire, parmi beaucoup d'autres encore, suffirait pour le peindre, avec vérité, aux yeux de tout homme impartial, et désarmer l'aigreur, réelle ou feinte, du parti anti-colonial qui se prononce avec une animosité si déplacée contre lui, dans les dispositions, sans doute, et l'espoir de réussir à l'écarter d'une mission vraiment grande, importante, et à laquelle, dans les circonstances actuelles, les vrais intérêts de la France et de Saint-Domingue l'appellent de préférence à tout autre. Et ce trait héroïque de sa part, le voici. Il est authentique; et tous les colons, encore existans, de la province de l'Ouest (fussent, même, ses antagonistes, s'il pouvait s'en trouver, de cette province), seront prêts à l'attester ainsi que moi. Au mois de mars 1794, et dans un temps où une nuée épaisse, une tourbe immense de noirs fanatisés par les principes révolutionnaires et par leurs violens promoteurs, était aveuglément soumise aux ordres despotiques et sanguinaires, journellement promulgués à l'égard des malheureux colons, par les Commissaires soi-disant civils, POLVEREL et SANTHONAX, et mis à exécution par le farouche

Montbrun, le général Desfourneaux, ne consultant que son courage stimulé par l'amour de l'humanité, marche, à la tête de cent cinquante à deux cents braves gens, militaires et bourgeois, dévoués à son service, au sein d'une ville couverte de ces mêmes noirs armés, s'avance, ainsi accompagné de ce peloton d'hommes résolus de vaincre ou de mourir, sous les ordres de leur intrépide chef et pour la plus belle des causes, parvient jusqu'aux prisons et cachots du Port-au-Prince, où se trouvaient alors cumulées huit à neuf cents personnes, colons propriétaires, gérans d'habitations, et autres, Européens et Créoles blancs, parmi lesquels étaient, même, jusqu'à des femmes et des enfans, tous entassés et renfermés en ces lieux d'horreur, au milieu d'une enceinte de canons chargés à mitraille et prêts à vomir la mort autour de cet enfer, et réussit, par ses mesures habiles, par sa hardiesse heureuse, et par son activité rapide, à s'emparer des moyens de défense opposés à sa glorieuse entreprise, à briser les portes épaisses de cet exécrable gouffre, et à délivrer, à sauver enfin, des angoisses d'une mort toujours menaçante, toujours prochaine, après un combat sanglant où plusieurs des siens perdirent la vie, où lui-même faillit de périr, ces huit à neuf cents victimes de la barbarie des agens du système prétendu philantropique, ou, pour mieux dire, infernal, sous lequel gémissaient alors les infortunés colons de Saint-Domingue. Une action aussi belle, aussi généreuse, et environnée de périls si imminens, ne peut être que l'œuvre d'un grand cœur, d'un homme au-dessus du commun des hommes, et dont le noble dévouement, couronné par un heureux succès, me paraît digne, enfin, de l'hommage de tous les cœurs sensibles. Une couronne civique était décernée, dans l'antique Rome, au guerrier qui sauvait la vie d'un de ses compatriotes. A ce titre, il en aurait été dû plus d'une au brave et généreux DESFOURNEAUX. Et! quel est celui de ses injustes détracteurs qui, dans de pareilles circonstances et à sa place, eût été capable, ainsi que ce valeureux officier, d'une telle abnégation de soi-même et de ce sublime effort de courage et de fermeté? Ceux qui se sentiront en état de l'imiter, ne seront pas, j'ose l'assurer, les ennemis de DESFOURNEAUX, ou, du moins, cesseront de l'être, en le connaissant mieux.

Je n'ai pu taire ce trait honorable et qui le caractérise si bien, dans un moment où quelques préventions défavorables et mal fondées viennent se mêler au légitime tribut d'éloges et de gratitude sincères que lui offrent tous les vrais colons de Saint-Domingue, charmés de son éloquent et véridique rapport fait, le 16 du mois dernier, à la chambre des Députés, en Séance publique, concernant cette même colonie de Saint-Domingue, tribut émané d'un sentiment bien pur, et que ne saurait ternir l'obscure et détestable envie, acharnée, de tout temps, contre le vrai mérite.

Et voilà, pourtant, l'homme (tel que je viens de le représenter fidèlement dans ces derniers paragraphes de ma lettre) que l'on voudrait éloigner de la confiance du Souverain, sur cette importante opération, pour y substituer, d'une manière plus utile, plus convenable aux intérêts de la métropole et de la colonie, qui?... Voilà l'Officier-général investi de la considération et de l'attachement de ses frères d'armes, disposés à le suivre partout, voilà le Chef d'administration, qui a, déjà, fait ses preuves, à cet égard, dans l'une de nos colonies, à la Guadeloupe, gouvernée par lui, avec distinction, dans un temps bien critique et au milieu d'une foule d'obstacles vraiment capables de décourager tout autre Chef moins ferme et moins zélé que lui, voilà l'homme essentiel, enfin, qu'un nombre circonscrit d'insidieux machinateurs, agissant par une influence étrangère, ou d'esprits de travers, ou d'individus machines (vrai troupeau d'HORACE), cherchent à repousser, dans cette circonstance, les derniers, par une prévention aveugle et funeste aux intérêts de leur patrie, et les premiers, bien plus coupables à tous égards, pour empêcher, sans doute, la restauration de Saint-Domingue, espérant de parvenir à ce but odieux, au moyen de cette astucieuse manœuvre jointe à celle de toutes ces nouvelles, qui seraient allarmantes, si elles n'étaient chimériques, et dont je pense avoir, dans la première partie de cette lettre, évidemment démontré les vues secrètes et l'insigne fausseté.

J'ai l'honneur d'être, avec une parfaite considération, monsieur, votre très humble et obéissant serviteur,

Signé BERQUIN (de Saint-Domingue).

P. S. Je n'ai pas cru devoir taire ici mon nom, apposé déjà sur quelques (1) Écrits récemment publiés pour la cause intéressante, et si violemment combattue, de Saint-Domingue. Créole et colon de cette île, je dois prendre à cœur ses intérêts sans cesse en butte à tant d'agressions diverses, et me tenir armé *pro aris et focis.*

---

(1) 1°. *De Saint-Domingue, considéré sous le point de vue de sa restauration prochaine;* 2°. *Sentimens des colons de Saint-Domingue envers leur monarque et leur patrie.* Ces deux Écrits, ainsi que celui-ci, se trouvent chez C. L. F. Panckoucke, imprimeur-libraire, rue et hôtel Serpente, n°. 16, et les marchands de nouveautés.

Nota. Cette lettre, telle qu'on vient de la lire, fut adressée par l'auteur, le jour même de sa date, à M. le Rédacteur du Journal des Débats, et accompagnée de la suivante.

Paris, le 3 octobre 1814.

Monsieur,

« J'ai l'honneur de vous adresser, ci-incluse, une lettre destinée à servir de réponse à toutes celles qui, extraites des Papiers anglais, sont admises ici, depuis quelque temps, coup sur coup, dans diverses Feuilles publiques, et dont le but visible est d'éloigner, autant que faire se peut, l'importante Expédition projetée pour la reprise de possession de la colonie de Saint-Domingue, en représentant cette Expédition comme accompagnée de difficultés insurmontables. Je vous prie, au nom d'un grand nombre de colons de cette île et au mien, de vouloir bien donner, le plutôt possible, une publicité authentique à cette lettre, en l'insérant dans votre Journal, soit en un seul article, soit en deux, ainsi que vous le jugerez à propos.

Nous avons tout lieu d'espérer que la considération due au sujet et l'intérêt qui l'environne, aussi bien que votre impartialité reconnue, nous feront obtenir cette faveur, ou pour mieux dire, cette justice.

Si, néanmoins, après avoir lu cette pièce, vous ne croyez pas devoir vous charger de sa publication, je vous serai obligé, en ce cas, de la renvoyer promptement à M. Le Normant, Imprimeur du Journal des Débats, qui s'est chargé de vous faire parvenir mon envoi, et chez lequel j'irai m'informer, cet après-midi à trois heures, de votre acceptation ou de votre refus.

Veuillez agréer, je vous prie, monsieur, l'assurance de mes sentimens distingués.

Signé BERQUIN (de Saint-Domingue). »

Le tout me fut remis dans l'après-midi du même jour, par M. Le Normant, au nom du Rédacteur, qui me fit savoir, par la même entremise, que mon Écrit ne pouvait absolument pas être inséré dans le Journal, attendu qu'il contenait des *observations*, des *réflexions*, et autres misères de ce genre, et qu'on ne pouvait y admettre que de simples récits de *faits*, et rien de plus. Je me retirai donc avec cette réponse, un peu amphigourique, il est vrai, et qui, dans le fond, n'était autre chose qu'un refus, basé sur quoi ? Je n'en sais rien, et ne suis point curieux de le savoir. Mais ce que les colons de Saint-Domingue ont sujet d'en inférer, c'est qu'il est bien permis, à leurs antagonistes, de répandre, *ad libitum*, dans les Journaux français, leurs funestes et délirantes rapsodies, et que ces mêmes colons n'ont pas le droit, ou, du moins, la faculté d'y neutraliser le mal qu'on cherche à leur faire, en plaçant l'antidote à côté du poison. Enfin, c'est, vraiment, là, un champ clos, où l'athlète, parti des bords de la Tamise, a beau jeu pour s'escrimer tout seul, sans craindre aucunement la riposte de son adversaire. Cela est commode, au fond, si cela n'est pas juste ; et c'est, toujours, autant de pris, autant de gagné. Mais, du reste, à défaut de journaux, la voie des brochures m'est ouverte, et j'en profite. Qu'importe, en effet, par quelle issue la vérité peut percer, pourvu qu'elle parvienne à se faire jour, en dépit de ses nombreux et ardens ennemis ? Que lui faut-il de plus, puisque son triomphe est certain, dès qu'elle vient à paraître ?

Fin.

www.ingramcontent.com/pod-product-compliance
Lightning Source LLC
Chambersburg PA
CBHW060539050426
42451CB00011B/1787